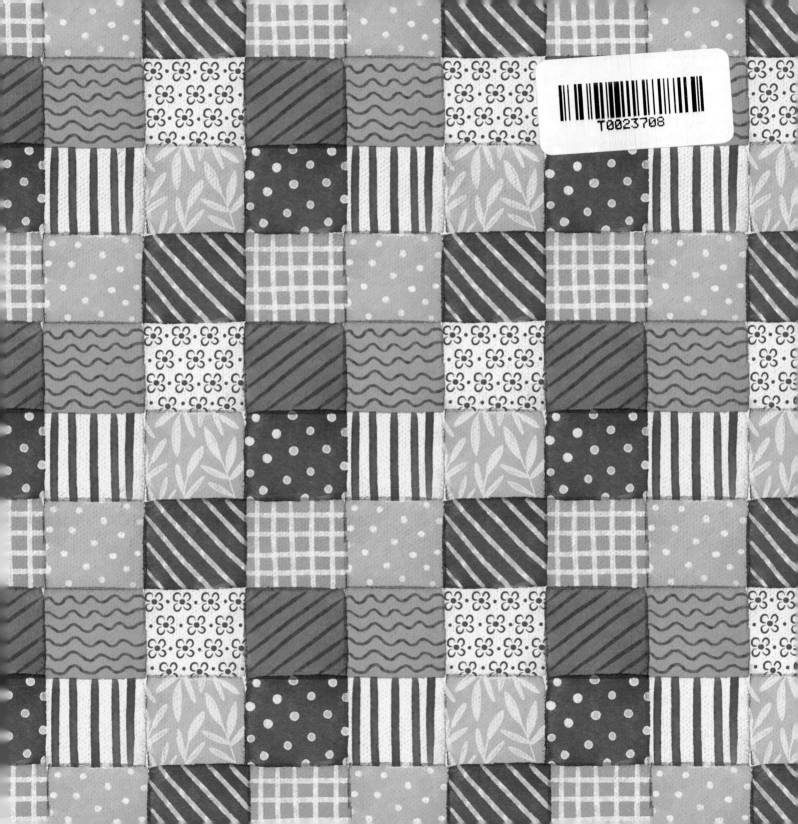

ARLO Y EL SÚPER GRAN ENCUBRIMIENTO

por Betsy Childs Howard

ilustrado por Samara Hardy

B&H
ESPAÑOL
NASHVILLE, TN

«El que encubre sus pecados no prosperará,

Pero el que los confiesa y los abandona hallará misericordia».

PROVERBIOS 28:13

Sucedió durante el tiempo de la siesta.
Arlo se dio cuenta que había un rasguño en la pared,
justo arriba de su cama.

El rasguño parecía formar una boca.

A Arlo no le permitían bajar de su cama durante el tiempo de la siesta, pero si mantenía un pie en su cama y estiraba el otro, podría alcanzar los marcadores que estaban en su escritorio.

Luego, Arlo hizo una travesura.
Le quitó la tapa a su marcador azul.

Dibujó una nariz
y también dos ojos…

...¡En la pared!

Arlo se sintió raro. No le permitían dibujar en las paredes con un lápiz, tampoco con un crayón y, ¡mucho menos con un marcador!

Arlo se sentó en la cama y pensó qué hacer. Luego, le quitó la tapa a su marcador café y dibujó un marco alrededor de la cara.

Arlo pensó que tal vez el marco ayudaría a que pareciera que la cara era parte de la pared. Pero el marco cuadrado de Arlo no era tan cuadrado y sabía que no podría engañar a su mamá.

Arlo pensó un poco más. Luego, tomó unos pañuelos de la mesita
que estaba a un lado de la cama y comenzó a borrar la pared.

No sirvió de nada. El marcador no se quitó de la pared,
sino que se embarró aún más. ¡Arlo había hecho un desastre!

Arlo sintió miedo.

Su mamá *no* iba a estar contenta con él. Necesitaba encontrar la manera de cubrir el desastre en la pared antes de que terminara su tiempo de siesta.

Se bajó de la cama (y esta vez ni siquiera se molestó en dejar un pie sobre la cama).

Vació su caja de juguetes, la levantó y la colocó sobre la cama.
No sirvió de nada. Todavía podía ver la mancha en la pared.

Amontonó juguetes arriba de la caja.

Los ojos en la pared lo seguían mirando.

Su corazón latía con fuerza.

Tomó libros y juguetes e hizo una torre más alta.

¡Lo había logrado! Ya no se veía el dibujo en la pared detrás de la torre de juguetes.

Justo en ese momento escuchó a su mamá subir las escaleras.
Se escondió debajo de la cama.

«¿Arlo?», dijo su mamá. «¿Dónde estás?».
Arlo guardó silencio.

Su mamá se sentó en la cama.
Repentinamente, la torre de juguetes se derrumbó.

«Arlo», dijo ella, «sal de ahí».

Arlo salió de su escondite, pero cubrió sus ojos.
Su mamá lo levantó y lo sentó sobre sus piernas.
«Arlo», dijo ella, «¿dibujaste en la pared con un marcador?».

Arlo siguió cubriendo sus ojos y meneó la cabeza.

Su mamá tomó sus manos y lo miró fijamente a los ojos.

«Arlo», dijo nuevamente, «¿dibujaste en la pared con un marcador?».

Él la miró y esta vez dijo la verdad.

«Sí», dijo con una voz apenas audible.

«¿Lo encubriste?».

Arlo respiró profundo.

«Sí», dijo (esta vez un poco más fuerte).

«Arlo», dijo ella, «desobedeciste cuando dibujaste en la pared.
También desobedeciste cuando te bajaste de tu cama para tomar
tus juguetes».

Arlo abrazó a su mamá. «¡Lo siento!
¡Perdón por haber desobedecido!».

La mamá de Arlo lo abrazó con cariño. «Te perdono, Arlo».

«¿Voy a tener un castigo?», preguntó Arlo sin soltar a su mamá.

«Sí. No podrás usar aparatos electrónicos hoy y mañana».

Arlo se sintió triste. Le gustaba ver videos mientras comía un bocadillo en la tarde, pero no podía sentirse tan triste mientras su mamá lo abrazaba.

Luego, Arlo tuvo una idea. Se sentó y, con una voz preocupada, preguntó:

«¿Se quedará para siempre ese dibujo sobre mi cama?».

La mamá de Arlo sonrió. «Pienso que podríamos ir por mi súper esponja que tengo debajo del lavabo y limpiarlo. ¿Te gustaría que hiciera eso?».

«¡Me encantaría!», respondió Arlo.

Al ir bajando las escaleras para tomar la esponja, la mamá de Arlo dijo: «¿Sabes? Algunas veces, cuando hago algo malo, deseo esconderme».

Sorprendido, Arlo preguntó: «¿De verdad? ¿De quién te escondes?».

«Cuando peco, me quiero esconder de Dios. No quiero que Él lo sepa
y no quiero hablar con Él de eso, porque se podría enterar».
«¡Eso es gracioso!», dijo Arlo. «¡Dios ya lo sabe todo!».
«¡Lo sé!», dijo su mamá. «No podemos esconder nuestro pecado de Dios,
y cuando lo intentamos, nos causa tristeza».

Arlo pensó por un momento. «Yo estaba triste cuando me escondí debajo de la cama».

«Lo sé», dijo su mamá. «Yo sabía que nunca podrías limpiar la pared sin mi ayuda. Estoy feliz porque no encubriste más y dijiste la verdad. Cuando le decimos la verdad a Dios sobre nuestro pecado, Él está listo y dispuesto para ayudarnos. Por esa razón envió a Su Hijo Jesús».

Arlo observó la pared limpia y abrazó a su mamá otra vez. «Gracias por limpiar mi desastre», dijo él. «Limpio es mucho, mucho mejor que encubierto».

FIN

Nota para los adultos

DESDE EL JARDÍN DEL EDÉN, hombres y mujeres (niños y niñas) han intentado esconder su pecado de Dios. Sabemos de manera consciente que el pecado daña nuestra relación con nuestro Creador, pero aún así nuestro instinto de esconder el pecado solo empeora las cosas. Mientras Arlo más intentaba cubrir su desastre, más miserable se volvía. De la misma manera, solamente encontramos descanso cuando confesamos nuestros pecados a Dios y aceptamos Su perdón. El rey David describe la transición de la miseria de la culpa al gozo del perdón en el Salmo 32.

¿Cómo podemos saber que Dios nos ofrecerá el perdón así como la mamá de Arlo lo hizo con él? Tenemos estas promesas en la Palabra de Dios:

> Pero si andamos en la Luz, como Él está en la Luz, tenemos comunión los unos con los otros, y la sangre de Jesús Su Hijo nos limpia de todo pecado. Si decimos que no tenemos pecado, nos engañamos a nosotros mismos y la verdad no está en nosotros. Si confesamos nuestros pecados, Él es fiel y justo para perdonarnos los pecados y para limpiarnos de toda maldad. (1 Juan 1:7-9, NBLA).

Esperamos que los niños recuerden la historia de Arlo cuando desobedezcan y sean tentados a cubrir sus pecados. Nunca es demasiado temprano para aprender a salir de las tinieblas a la luz, donde la sangre de Jesús nos limpia y nuestro amado Padre nos recibe en Sus brazos.

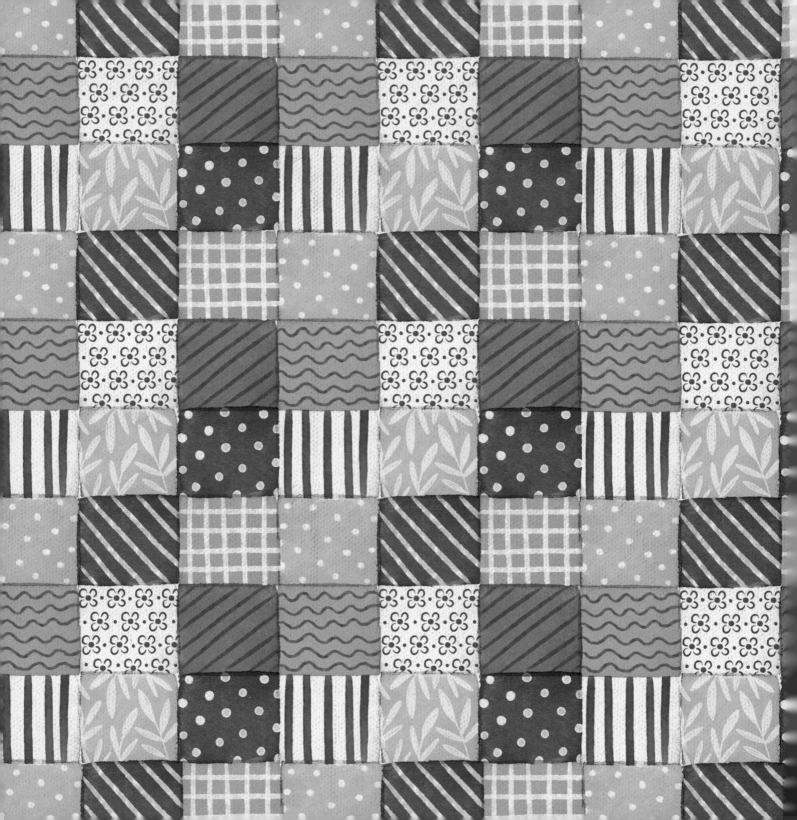